हुंकारो

हुंकारो

चिराग़ खण्डेलवाल
अरविन्द सिंह चारण

वाणी प्रकाशन
प्रकाशन के उत्कृष्टतम 62 वर्ष

TEAMWORK
CELEBRATING THE ARTS

META
MAHINDRA
EXCELLENCE IN THEATRE AWARDS

mahindra Rise

प्रथम संस्करण : 2025

vaniprakashan.com

वाणी प्रकाशन

4695, 21-ए, दरियागंज, नयी दिल्ली-110 002

फ़ोन : + 91 11 23273167, 23275710

शाखाएँ

अशोक राजपथ, पटना-800 004, बिहार

कॉफ़ी हाउस कैम्पस, महात्मा गांधी मार्ग, प्रयागराज-211 001, उत्तर प्रदेश

महात्मा गांधी अन्तरराष्ट्रीय हिन्दी विश्वविद्यालय, वर्धा-442 001, महाराष्ट्र

sales@vaniprakashan.in
vaniprakashan@gmail.com

Hunkaro
by Chirag Khandelwal, Arvind Singh Charan

ISBN : 978-93-6944-737-4
Play

मूल्य : ₹ 299

आर. टेक ऑफ़सेट, दिल्ली-110 093 में मुद्रित

वाणी प्रकाशन का लोगो मक़बूल फ़िदा हुसैन की कूची से

विजयदान देथा जी को सादर समर्पित

क्योंकि उनकी कहानी 'आशा अमरधन' ने
'हुंकारो' को एक सूत्र में पिरोया
और उनके लेखन ने दुनिया देखने का
एक नया नज़रिया दिया।

अनुक्रम

प्रस्तावना

हुंकारो की प्रस्तुति कोविड-19 की दूसरी लहर के तुरन्त बाद तैयार की गयी थी। हम सभी के भीतर एक तत्काल आह्वान था कि हम मंच पर आयें और कुछ ऐसा बनायें जो दुनिया ने सहा है उसका प्रतिबिम्ब हो। इसका विचार एक साधारण लेकिन परेशान करने वाली वास्तविकता से उत्पन्न हुआ कि लॉकडाउन ने ना केवल लोगों का ध्यान देने की क्षमता को कम कर दिया है बल्कि सुनने की क्षमता और आवश्यकता को भी कम किया है। 'हुंकारो' का अर्थ है मौखिक पुष्टि, श्रोता की वह प्रतिक्रिया जो यह दर्शाती है कि वह कहानी सुन रहा है, समझ रहा है और कहानी के साथ यात्रा कर रहा है। लॉकडाउन के बाद, दृश्यों और शोर का उपभोग करने की एक अतृप्त भूख है जो सुनने के लिए बहुत कम या कोई जगह नहीं छोड़ती है। और अगर सुनने की क्षमता नहीं है, तो हुंकारो अस्तित्व में नहीं हो सकता।

लेकिन क्या हम सुनने के लिए तैयार हैं? कहा जाता है कि सुनना एक कला है, तो क्या अन्य कला रूपों की तरह यह भी अपनी सुन्दरता और आवश्यकता खो रहा है? लेकिन दुनिया आशा पर जीवित रहती है और वास्तव में, आशा ही इस रचना को बाँधने वाला धागा है। इन्हीं विचारों के साथ हुंकारो का जन्म हुआ।

लेखन की दृष्टि से देखें तो, दोनों ही कहानियाँ एक नये व्याकरण और वाक्य-विन्यास तक पहुँचने की कोशिश करती हैं और एक हद तक उसमें सफल भी हुई हैं।

आशा है, उनका ये प्रयास पाठकों तक भी सफलतापूर्वक पहुँचेगा।

-मोहित टाकलकर

‘हुंकारो’ का प्रथम मंचन दिनांक 31 अक्टूबर, 2021 को ‘रंग शंकरा थिएटर फ़ेस्टिवल’ में रंग शंकरा, बेंगलुरु में उजागर ड्रामेटिक एसोसिएशन की ओर से हुआ। नाटक का निर्देशन मोहित टाकलकर ने किया।

नाटक के प्रथम मंचन में कलाकार

इप्शिता चक्रवर्ती सिंह

भारती पेरवानी

अजीत सिंह पालावत

महेश सैनी

पुनीत कुमार मिश्रा

भास्कर शर्मा

मंच-पार्श्व में

वस्त्र विन्यास : देविका काले

प्रकाश संयोजन : विक्रान्त ठकार

संगीत : हाकिम ख़ान केसुम्बला

सहायक निर्देशक : चिराग़ खण्डेलवाल

मंच प्रबन्धक : साहिल आहूजा

कहानियाँ

वह चलता है : चिराग़ खण्डेलवाल

माई : अरविन्द सिंह चारण

परिकल्पना एवं निर्देशन

मोहित टाकलकर

साथी

मनोज थापर, महादेव सिंह लखावत, ऋतु शर्मा, शुभम पारीक

विशेष धन्यवाद

आशीष मेहता

गजदान सिंह

कैलाश कबीर

महेन्द्रदान देथा

निरंजन पेडणेकर

शिराज़ हुसैन

सुयोग देशपाण्डे

हृषिकेश पुजारी

टीसीटी वर्कस्पेस (कामशेत)

आसक्त, पुणे

सेरेंडिपिटी आर्ट्स

चिराग़ खण्डेलवाल

चिराग़ ने हैदराबाद विश्वविद्यालय से परफॉर्मिंग आर्ट्स (थियेटर) में डिज़ाइन और डायरेक्शन में विशेषज्ञता के साथ मास्टर डिग्री ली है। वे दो दशक से भी अधिक समय से थियेटर कर रहे हैं। डॉ. अनुराधा कपूर, राजीव वेलिचेटी, साबिर ख़ान, केरेन लिबमैन और मोहित टाकलकर जैसे ख्यात निर्देशकों के साथ काम कर चुके हैं। नाटक-लेखन और शिक्षण के साथ-साथ नाट्य कार्यशालाएँ भी आयोजित की हैं।

एक खून सौ बातें, एक अनसुनी बात, मिराज मेलोडीज और *एक अधपका-सा नाटक* उनके चर्चित नाटक हैं। *सेवेन अगेंस्ट थेब्स, टू द स्टार्स* और *मीरा* सहित कई नाटकों का हिन्दी में अनुवाद भी किया है।

हुंकारो नाटक के लिए साथी लेखक अरविन्द सिंह चारण के साथ सर्वश्रेष्ठ ओरीजनल स्क्रिप्ट के 'मेटा अवार्ड' (2023) से पुरस्कृत किये जा चुके हैं।

फ़िलहाल जयपुर के नाट्य-दल 'उजागर ड्रामेटिक एसोसिएशन' से बतौर लेखक, अभिनेता और प्रबन्धक जुड़कर कार्य कर रहे हैं।

अरविन्द सिंह चारण

अरविन्द सिंह चारण का जन्म जोधपुर के पास गाँव छिण्डिया में 2 अगस्त 1995 में हुआ। उन्होंने अपना स्नातक राजस्थान यूनिवर्सिटी, जयपुर से किया। इस दौरान वे उजागर ड्रामेटिक एसोसिएशन के साथ निरन्तर रंगमंच में कार्यरत रहे। 2017 में उन्होंने राजस्थान यूनिवर्सिटी से ही हिन्दी में अपना पोस्ट ग्रेजुएशन पूरा किया। 2015 में उनकी पहली राजस्थानी पुस्तक *पाग* प्रकाशित हुई जिसमें राजस्थान के विषयों के इर्दगिर्द उनका कहानी, संसार दिखता है। पिछले 11 वर्षों से उजागर ड्रामेटिक एसोसिएशन, जयपुर के साथ मिलकर रंगमंच में कार्य कर रहे हैं। उन्हें 2023 में नाटक *हुंकारो* के लिये उनके साथी लेखक चिराग़ खण्डेलवाल के साथ 'बेस्ट स्क्रिप्ट' के लिए 'महिन्द्रा एक्सीलेंस इन थियेटर अवॉर्ड्स' दिया गया है। उन्होंने मोहित टाकलकर, अजीत सिंह पालावत, इप्शिता चक्रवर्ती के सान्निध्य में रंगमंच को समझने की कोशिश की है।

वह चलता है

घर 923 किलोमीटर

At just two point three CR
We bring the nature to you

वह यह सब नहीं देखता
वह होर्डिंग के पेड़ देखता है

वह देखता है

उन पेड़ों की भी
छाँव नहीं है

छाँव कहीं नहीं है
वह याद करने की कोशिश करता है

घर्र... घर्र... घर्र...

रेडियो पर एक आवाज़

रेडियो नहीं कहते उसे
वह तो रेडियो ही कहता है

एक आवाज़ कहती है

सब बन्द
गाँव इत्ती दूर नहीं है
यह पकड़ी ट्रेन और यह घर

वह गाँव से दूर था
उसने गाँव छोड़ा था

गाँव हमेशा से वहीं था
गाँव हमेशा वहीं रहेगा

वैसा ही
वह याद करता है

पानी
लिया था

अब ख़त्म है

फल

लिए थे

अब ख़त्म हैं

और कुछ ख़त्म नहीं हुआ
और कुछ नहीं लिया था

और कुछ नहीं था
वह चलता है

तेज़
फिर धीमा
फिर तेज़

वह रुकता नहीं है
उसके क़दम रुकते हैं

वह कभी नहीं रुकता

लोग चलते हैं
लगातार

उसकी तरह

या वह चलता है

लोगों की तरह

सबकी आँखें चमकती हैं

क्यों

वह नहीं समझता
वह अपना बटुआ निकालता है

कोई वजह नहीं है
पर निकालता है

अपना आधार कार्ड देखता है

कोई वजह नहीं है
पर देखता है

अपना नाम पढ़ता है
कोई वजह नहीं है

पर पढ़ता है

अमर

हवा चलती है

किसी वजह से
उसे लगता है

किसी ने उसकी आँखों में
धूल झोंक दी है
दूर उसे कुछ दिखता है

एक मरी गाय
और उसका मांस नोचता एक पक्षी

गिद्ध

अब गिद्ध नहीं है

तो कौवा

उसे लगता है
गिद्ध ही है
रात को
एक ट्रक के नीचे
वह सोता है
उसका पेट उसे जगाये रखता है

वह सो जाता है

पेट जागता रहता है

पेट को याद आता है
सरोवर भोजनालय
177/2, कान्दिवली वेस्ट

उसने यहाँ कई बार खाना खाया था

यहाँ सब्ज़ी में नमक हमेशा ही ज़्यादा था

पर यहाँ की रोटी अच्छी थी
अगली रात
उसे नींद नहीं आती

वह चौंकता है

पंखों की फड़फड़ाहट
क़रीब
और क़रीब

आधा गिद्ध, आधा कौव्वा उसके पास आता है

उसकी चोंच में एक पोटली है

वह : तुम ऐसे क्यों हो?

आधा गिद्ध आधा कौव्वा : तुमने ऐसे ही देखा ना!
यह लो!!

आधा गिद्ध आधा कौव्वा उसे पोटली देता है

वह : क्या है यह?

आधा गिद्ध आधा कौव्वा : रोटी–सब्ज़ी।

वह खाता है

वह : नमक कम है।

आधा गिद्ध आधा कौव्वा मुस्कुराता है

आधा गिद्ध आधा कौव्वा : अब खाओ।

वह : अब सही है।

वह पेट भर के खाता है
अब वह काँप रहा है

आधा गिद्ध आधा कौव्वा : खेस ले आते।

वह : भूल गया।

आधा गिद्ध आधा कौव्वा : पता है। मेरी ओट में सो जाओ।

वह आधा गिद्ध आधा कौव्वा के पास आता है

वह लेटता है
आधा गिद्ध आधा कौव्वा के पंख गर्म हैं

वह : सुनो। कल तुम पूरे गिद्ध बन जाना।

आधा गिद्ध आधा कौव्वा उसे एक लोरी सुनाता है
वह चैन से सोता है

सड़क के बीचो-बीच

एक साँप
किसी गाड़ी से कुचला हुआ

उसे वह साँप याद आता है
जिस पर दुनिया टिकी है

अगर यह वह साँप होता
तो वह झट से अपने आँगन में कूद जाता

वह यह भी सोचता है
काश, उसके पास एक गाड़ी होती

सूरज चढ़ता है
चढ़ता रहता है

फिर रुक जाता है
वहीं

उसे अपनी बीवी याद आती है
आधा गिद्ध आधा कौव्वा अब पूरा गिद्ध है

गिद्ध : वह क्यों याद आयी?

वह : उसके एक्स-रे से सूरज देखा था।

गिद्ध : ग्रहण में?

वह : हाँ।

गिद्ध : क्या देखा? कैसा लगा?

वह : ग्रहण नहीं देखा।
धब्बे देखता रहा।

सूरज.... ठण्डा लगा।
उन सारे एक्स-रे से हम सूरज ढँक देते।

गिद्ध : इतने हैं?

वह : इतने से ज़्यादा ही हैं।

गिद्ध उसे प्रेम का गीत सुनाता है
उसे वह विरह का गीत लगता है

रात को गिद्ध नहीं आता

झींगुर आते हैं

वह सुनता है
वह उसके बेटे का झुनझुना ले आया है

वह उन्हें पकड़ने की कोशिश करता है

एक जुगनू उसके घर से चिमनी ले आया है
हाजमोला की शीशी

एक चमचेड़ उसकी बेटी का मोमजामा
वह सबको पकड़ना चाहता है

सब छिपकर उसको चिढ़ाते हैं

अगली दोपहर, वह गिद्ध को एकटक देख रहा है

गिद्ध : अब क्या?

वह : यह चोंच और पंजे किस काम आते हैं?

गिद्ध : तुम्हें क्या लगता है?

वह : मांस नोंचना-चीरफाड़।
हो सकता है दुश्मनों से बचा लें।

गिद्ध : हो सकता है!! मतलब?
ऐसा ही है।
सुनो!

गिद्ध उसे वीर रस का गीत सुनाता है
उसे वह हास्यास्पद लगता है

वह : हास्यास्पद!!
यह शब्द मैंने छठवीं के बाद पहली बार सुना।
मतलब सोचा।
तब भी सुना नहीं था।
पढ़ा था।

गिद्ध : इसमें हास्यास्पद क्या है?

वह : जिस दुश्मन को देख नहीं सकते उससे कैसे लड़ोगे?
हवा से कैसे लड़ता है कोई?
तुम लड़ सकोगे हवा से?
अभी लड़ कर दिखाओ हवा से!

गिद्ध चुपचाप बैठ जाता है

वह : दो और शब्द पढ़े थे।
किंकर्तव्यविमूढ़
और वमन।

वह और गिद्ध एक पुल पर से गुज़रते हैं

वह : कभी यहाँ से पानी बहता था।
और अब देखो!

गिद्ध : वैसा ही तो है।
बस सूख गया है।

वह : सूख गया है ना!!!
फिर वैसा कैसे?

गिद्ध : नीचे झाँको।

वह नीचे झाँकता है

गिद्ध : क्या दिखा?

वह : रेत और परछाईं!

गिद्ध : पानी होता तो भी परछाईं ही दिखती।
पानी हाथ से फिसल जाता।
रेत भी फिसल जायेगी।

वह : लेकिन प्या...

गिद्ध : सफ़र में इतनी मनहूस बातें क्यों सोचनी?

चिप्स का एक पैकेट
चिप्स का एक ख़ाली पैकेट
उड़कर आता है
और उसके पैरों के पास
ठहर जाता है

वह उस पैकेट को उठाता है
उसे अपनी उँगलियों से

ऐसे टटोलता है

मानो कुछ समझ रहा हो

गिद्ध : क्या कर रहे हो यह?

वह : मेरी बीवी ना। ऐसी ही है।
बिल्कुल ऐसी।
इस प्लास्टिक जैसी।
पतली...खाट से चिपकी हुई।
उसकी खाल भी ऐसी ही महसूस होती है।
प्लास्टिक।

गिद्ध : मुझे नहीं पता मुझे क्या कहना चाहिए।

वह : तो सुनो!
सिर्फ़ सुनो!
वह अब मुझे बस ऐसी ही याद आती है।
प्लास्टिक।
बहुत ज़ोर लगा कर सोचूँ तो भी
प्लास्टिक।
वह जब पहली बार आयी
शादी के जोड़े में
प्लास्टिक।

गिद्ध : जो आदमी आधा गिद्ध आधा कौवा सोच ले
वह कुछ भी सोच सकता है

वह बहुत गुस्सा होता है
उसका मन करता है
गिद्ध अभी पूरा कौवा बन जाये
पर वह रुक जाता है
अगर सफ़र में किसी के साथ होना है

तो वह गिद्ध चुनेगा
कोई कौवा नहीं

उसे कहीं से सड़ाँध आती है
वह इधर-उधर देखता है
उसका झोला सड़ रहा है
झोला कन्धे से गिर जाता है

कीड़े-लगी उम्मीदें बाहर निकलती हैं
और गर्मी से मर जाती हैं

गिद्ध कीड़े खा जाता है
अहा घर बस 512 किलोमीटर

वह : मुझे अपना एक नाख़ून दो।

गिद्ध : पागल हो क्या?
नाख़ून ऐसे अलग नहीं होते।

वह मुस्कुराता है

वह : अब सोचो!

गिद्ध : हाँ! यह लो।

गिद्ध उसे अपने दायें पंजे का नाख़ून देता है

वह : शुकर मनाओ। तुम्हारी चोंच नहीं माँगी।

गिद्ध : करोगे क्या मेरे नाख़ून का?

वह : कुछ नहीं। कुछ भी।

वह थोड़ी दूर जाकर
सूखी पथरीली ज़मीन पर
गिद्ध के नाख़ून से
अपनी बीवी को

एक चिट्ठी लिखना शुरू करता है

सेवा में
प्रधानाचार्य

वह यह काट देता है

वह बहुत सोचता है

पर वह सिर्फ़ यही सोच पाता है

आदरणीय

सविनय निवेदन है कि

वह कुछ लिखता है

फिर गिद्ध को नाख़ून लौटाकर

बड़ी तेज़ी से आगे बढ़ जाता है

गिद्ध उसका लिखा पढ़ता है

तमाम काटाफासी के नीचे लिखा है

तुम्हारा अमर

वह : पानी! पानी! पानी!

गिद्ध आता है

वह : कहाँ थे?

गिद्ध : आऽऽऽऽऽ......आऽऽऽऽऽ

वह : क्या?

गिद्ध : आऽऽऽऽऽ......आऽऽऽऽऽ

वह उचककर देखता है
गिद्ध की चोंच में पानी है
ढेर सारा पानी

वह पानी पीता है

वह : इत्ता मीठा पानी!! कहाँ से लाये?

गिद्ध : तुम्हारे गाँव के सूखे कुएँ से।

वह अब थोड़ा लेटता है

वह : ज़्यादा पानी पी लिया। सीने में दर्द हो रहा है।

गिद्ध : आराम करो। जब चलना होगा मैं जगा दूँगा।

उसे नींद जैसा कुछ होता है

वह : तुम्हें पता है! यह रास्ता इतना लम्बा नहीं लगा पहले।

गिद्ध : तुम इतना पैदल भी तो नहीं चले पहले।

वह : समझा।
लेकिन मैंने सारी गणित लगाकर देख ली है।
यह रास्ता इतना लम्बा है ही नहीं!!

गिद्ध : कमाल है। सातवीं तक कितनी गणित पढ़ ली होगी तुमने?

उसे यह बात चुभ जाती है

वह : मैं यूँ ही आया

गिद्ध : वहीं रुकते क्या?

वह : ना। किसी ऊँची बिल्डिंग में चला जाता।
छत पर।
उतनी ऊँचाई पर तो हवा साफ़ होती होगी।

गिद्ध : ऐसा होता तो नहीं है।
पर फिर भी
घुसने देते तुम्हें ऊँची बिल्डिंग में?

वह : बुरे वक़्त में कौन मना करता?

गिद्ध : चारों तरफ़ देखो।
और फिर से बोलो।
बुरे वक़्त में कौन मना करता।
कोई पानी को मना करता है।
कोई रोटी को।
कोई आने को।
कोई जाने को।
कोई ट्रेन में चढ़ने से।
तो कोई बस से उतरने से मना कर देता है।

और वह होर्डिंग वाला बूढ़ा
जिसकी सफ़ेद दाढ़ी हर रोज़ बढ़ती जा रही है।
वह तो इससे मना कर देता है
कि बुरे दिन चल रहे हैं लोगों के।
और तो और
वह तो इससे भी मना कर देता है कि
अभी और भी बुरे दिन आने वाले हैं लोगों के।

वही लोग
गुमसुम, चुपचाप लोग
उनकी आँखें बेजान हैं
उनके पैरों में धागे हैं
धागे तने हुए हैं
टूट सकते हैं

वह वे सारे कठिन शब्द याद करता है

जो उसने पढ़े हैं या सुने हैं

अट्टालिका

जिजीविषा

तारतम्य

ग्रीष्मकालीन

आइसोलेशन

क्वारंटीन

सैनिटाइज़र

वह : आसान शब्दों में बात क्यों नहीं कहते लोग?
क्या होता है यह पेंडेमिक सेंडेमिक

गिद्ध : रेडियो पर आसान शब्दों में ही तो कहा था।
देख लो अब।
वैसे लोगों को लगता होगा कोई पढ़ेगा नहीं।
इसलिए ऐसे शब्द काम में लेते होंगे।

वह : आसान शब्दों में ही कहना चाहिए सब।
जैसे मेरी कहानी अगर मैं कहूँ तो...

अ से अमर
ग से गीता
म से मुन्नी

द से दीपू
ग से गाँव
श से शहर
घ से घर से
जाता शहर
गाँव आता
अ से अमर

गिद्ध ख़ुशी से झूम उठता है।

गिद्ध : वाह!! यह होती है कविता।
क्या कमाल लिखा है तुमने।

वह : यह कविता है?
कविता ही है।
अपनी बेटी को सुनाऊँगा।
राज़ी हो जायेगी।

गिद्ध : सुनाना। पहुँचते ही सुनाना।

वह काफ़ी देर तक कविता को दोहराता रहता है।

गिद्ध भी एक कविता सुनाता है।
लेकिन सिर्फ़ ख़ुद को सुनाता है।

गिद्ध : ध से धूप।
स से सड़क।
स से से भी।
ग से गर्मी।

सुबह हवा में ठण्डक है।
हमेशा से ज़्यादा।
बहुत ज़्यादा।

गिद्ध : हवा में बहुत ज़्यादा नमी है।

गिद्ध मिट्टी चाटता है

गिद्ध : ओस भी मीठी है!
हुआ क्या है?

वह : लगता है मेरी बेटी ने डिब्बा खोल दिया।

गिद्ध : कौन-सा डिब्बा?

वह और गिद्ध रात को रुकते हैं।

लकड़ियों की राख।
राख गर्म है।

वह : हाथ तापे होंगे किसी ने

गिद्ध : हो सकता है खाना बनाया हो।
सब हमारी तरह नहीं निकले।

वह और गिद्ध राख के पास सोते हैं।

रात को सपने में
उसकी माँ आती है

माँ कहती है
ऐ अमर
साँझ हो गयी
आजा! दूध पी ले
माँ खाट पर लेटती है
माँ के हाथ बेहद नर्म हैं
फिर एक कलसे में कूद जाती है

वह कलसे में झाँकता है
कलसे में राख है
कलसा बह जाता है
खाट ख़ाली है
उसकी बीवी आती है
खाट पर लेटती है
वह जग जाता है

वह : सुनो!

घर पहुँचकर याद दिलाना।

खाट फेंकनी है।

हो सकता है सारा दोष।

उसी का हो।

गिद्ध : हम्म।

गिद्ध कुछ देखता है

3 पैकेट साबूदाने

1 पैकेट पोहा

4 कपड़े धोने की बट्टी

आधा किलो मूँग-दाल

1 किलो बेसन

1 किलो सूजी

2 बड़ी शीशी नारियल का तेल

वह भी आँखों के कोनों से यह सब देखता है

गिद्ध उस तरफ़ जाना चाहता है

वह इशारे से मना कर देता है

शाम को

गिद्ध सड़क के बीचो-बीच

रुक जाता है

वह उसे आने का इशारा करता है

गिद्ध फिर भी

रुका रहता है

वह : चलो ना। क्यों रुके हो?

गिद्ध : थक गया हूँ।
मैं नहीं चल पाऊँगा।

वह : तो उड़ लो।

गिद्ध : वाह बेटा!! रोज़ जो मालपुए खा रहे हो ना!
उड़-उड़ के ही ला रहा हूँ।
मैं नहीं जा रहा कहीं भी।

वह : तो बाद में आना।
मैं निकलता हूँ।

गिद्ध : मन लग जायेगा तुम्हारा?

वह : नहीं। नहीं लगेगा।
एक काम करो।
मेरे कन्धे पर बैठ जाओ।

गिद्ध : उठा लोगे?

वह : यह भी कोई बात हुई!!

गिद्ध उसके कन्धे पर बैठता है
उसे अजीब लगता है

वह दो क़दम चलता है
एक मेला लगा हुआ है
झूलों, खेल-खिलौनों, चाट-बताशों का मेला

वह गिद्ध से पूछना चाहता है कुछ
वह गिद्ध की तरफ़ देखता है

गिद्ध नहीं है
बेटा है उसका
उसकी उँगली कोई खींचता है
बेटी है उसकी

वह मुड़कर देखता है
उसकी बीवी आ रही है
धीरे-धीरे
थकी माँदी चाल से
आ रही है

धीरे-धीरे
धब्बे भी आ रहे हैं
सिवाय धब्बों के
किसी को नहीं पता
धब्बे आ रहे हैं

वह बेटे को झुनझुना दिलाता है
बेटी को बिन्दी का पत्ता
वह सब झूला झूलते हैं
चाट खाते हैं

2 रुपये की कुल्फी
ऑरेंज-हरी
सब 2 रुपये की
उसके बाबा आवाज़ दे रहे हैं
उसके बाबा साइकिल के पास खड़े हैं
साइकिल के कैरिअर पर डिब्बा है

2 रुपये की कुल्फी का
2 रुपये की कुल्फी
ऑरेंज-हरी
सब 2 रुपये की
बाबा सब को कुल्फी खिलाते हैं
सब ख़ुश हैं

वह बेटे को कन्धे से नीचे उतारता है

बेटा नहीं है

गिद्ध है

गिद्ध : हाँ। अब उतार दो।
अब तो वैसे भी सोना ही है।

वह लेटा हुआ है

गिद्ध : आज क्या अजीब हुआ ना?

वह : अजीब तो था ही।

गिद्ध : वह पुलिसवाला अच्छा था।

वह : हाँ क्या? याद नहीं।

गिद्ध : क्या याद नहीं?
अभी की तो बात है।
रुको।

गिद्ध अपने पंखों में से एक पुलिसवाले की वर्दी निकालता है।

वह : अरे!! यह सब कैसे??

गिद्ध वर्दी पहनते हुए कहता है

गिद्ध : अरे खेल ही तो है।
खेल में सब चलता है।

गिद्ध अब गिद्ध नहीं है
मतलब गिद्ध ही है
पर पुलिसवाला भी है

गिद्ध : हाँ भाई?? किधर?

वह : जी गाँव।

पुलिसवाला : कहाँ से?

वह : जी यहाँ से।

पुलिसवाला : कब से?

वह : जी इतने दिन से।
पुलिसवाला : इतने?

वह : जी इतने।

पुलिसवाला : कमाल! कमाल!

वह : जी अच्छा।

पुलिसवाला : बॉर्डर-पार की तो इधर एंट्री नहीं है।

वह : जी अच्छा।

वह आगे बढ़ता है
वह गिद्ध को देखता है

वह ग़ुस्से में है

वह : तुम्हारे चक्कर में हम शायद दूसरे देश आ गये।

गिद्ध : दूसरा देश??

वह : हाँ दूसरा देश। वरना वह बॉर्डर पार करने की बात ही क्यों करता?

गिद्ध वर्दी उतार फेंकता है
दोनों ख़ूब हँसते हैं

वह : उन्होंने हम पर छिड़का क्या था?

गिद्ध : कीटनाशक।

वह : तुम जानते हो कीटनाशकों के बारे में?

गिद्ध : हाँ। जानता तो हूँ।

वह : हम किसकी फ़सल हैं जो हम पर छिड़काव हुआ?

गिद्ध : अरे कभी तो बड़ा सोचो।
हम कीड़े भी तो हो सकते हैं।

सड़क के किनारे कुछ है
पाव भर मैदा
200 ग्राम अरारोट
2 बड़े पैक गुलाबजामुन मिक्स
पचास ग्राम दालचीनी

गिद्ध और वह यह देखते हैं
गिद्ध और वह उस तरफ़ नहीं जाते

वह : तुमने कोई फ़िल्म देखी है?

गिद्ध : जितनी तुमने देखी है।

वह : वहाँ हीरो रोता है तो बारिश होती है।
गुस्सा होता है तो बिजली गिरती है।
सही है ना?

गिद्ध : वह फ़िल्म है।
वह हीरो है।
मैं एक गिद्ध हूँ।
तुम तुम हो।
कुछ और बात करो।
वैसे तुम बारिश करवाते ना?

वह : मेरे रोने से ही बारिश हो जाती तो हम नाव में होते।
मुझे बस यह याद नहीं आता कि हीरो किसी फ़िल्म में छाँव भी लाया हो।

10 किलो आटा
1 किलो अखरोट गिरी
1 पैक हवन सामग्री
4 पैकेट नूडल
6 अगरबत्ती
और एक बोरी दाल

वह यह देखता है
वह रुक नहीं पाता
वह इनकी तरफ़ भागता है
गिद्ध चिल्लाता है

गिद्ध : मुझे चश्मा तो निकालने दो। क्या जल्दी मची है तुमको।

वह बोरे के पास जाता है

बोरा खुला हुआ है

वह बोरे में झाँकता है

दालें नहीं हैं

छोटू हैं

असंख्य छोटू

वह : असंख्य?

गिद्ध अभी भी चश्मा ढूँढ़ रहा है

गिद्ध : अनगिनत

वह बोरे में झाँकता है

दालें नहीं हैं

छोटू हैं

अनगिनत छोटू

वह : अनगिनत?

गिद्ध अभी भी चश्मा ढूँढ़ रहा है

गिद्ध : बहुत सारे

वह बोरे में झाँकता है
दालें नहीं हैं
छोटू हैं
बहुत सारे छोटू

गिद्ध को चश्मा मिल गया है
गिद्ध चश्मा लगाता है
गिद्ध अब गिद्ध नहीं है
मतलब गिद्ध ही है

पर बाउजी भी है

गिद्ध : नाम?

वह : जी अमर

बाउजी : काम समझ गया?

वह : जी

बाउजी : ठीक है।
छोटू दाल ले आओ!

वह : जी। अमर

बाउजी : छोटू, तेल भी

वह : जी। अमर

बाउजी : नमक

वह : जी। अम...

बाउजी : सेंधा नमक

वह : जी। अ...

बाउजी : गरम मसाला

वह : जी

बाउजी : काजू एक पैकेट

वह : जी।
जी
जी
जी

जी

जी

वह भागता रहता है

बाउजी : घर निकल जाओ

वह : जी कैसे?

बाउजी : कैसे भी

वह : अभी?

बाउजी : अभी

वह : लौटूँ कब?

बाउजी उसे एक बोरा दिखाते हैं

वह बोरे में झाँकता है
दालें नहीं हैं
छोटू हैं
बहुत सारे छोटू
वह बाउजी की तरफ़ देखता है

बाउजी नहीं है
बोरे की दीवारें हैं
वह बोरे में है
बोरा धीरे-धीरे बन्द हो रहा है
बाउजी बोरे को गाँठ लगा रहे हैं
बोरे में सबका दम घुट रहा है
बोरे में जगह नहीं है
सब छटपटा रहे हैं

असंख्य छोटू

अनगिनत छोटू
बहुत सारे छोटू

वह चिल्लाता है
बहुत देर तक चिल्लाता है
गिद्ध अपनी चोंच के सहारे उसे बाहर खींचने की कोशिश करता है

वह बोरे में ही दौड़ने लगता है
बोरे में फ़ाइलें गिरने लगती हैं

गिद्ध फटाफट टाई निकालता है
गिद्ध समझ नहीं पाता चश्मे का क्या करें

वह अभी भी दौड़ रहा है
वह फ़ाइलों को टेबलों पर रखता जाता है
अब बोरे में फ़ाइलें भी हैं
और छोटू भी

वह कॉफ़ी बनाता है
वह कॉफ़ी के कप भी टेबलों पर रखता जाता है
अब बोरे में फ़ाइलें हैं
कॉफ़ी भी
छोटू भी

और टेबलें भी
वह दौड़ रहा है
दम घुट रहा है उसका
बोरा धीरे-धीरे बन्द हो रहा है

इससे पहले कि बोरा पूरी तरह बन्द हो जाये
गिद्ध पंजे के एक झपट्टे में उसको बाहर खींच लेता है
बोरा बन्द हो जाता है
वह और गिद्ध हाँफ रहे हैं

गिद्ध : यह जो दो चीज़ें मिलाकर तुमने खेल बिगाड़ा है ना

वह कुछ नहीं बोलता
वह कुछ सोच रहा है

गिद्ध : बोलो भी अब!

वह : फ़ाइलें सरकारी होतीं तो मज़ा आ जाता

वह : एक काम करो। मेरी जेब में बैठ जाओ।

गिद्ध : क्यों? मेरा वज़न क्यों उठाना है तुम्हें?

वह : अरे! हम दोनों में से एक तो गर्मी से बचे!!!

गिद्ध आकर उसकी जेब में बैठ जाता है

वह : तुम्हें पता है!
मैंने डिब्बा बन्द कर दिया।
मेरी बेटी खेलती है
डिब्बे से।
बेटा भी।
वह ही डिब्बा गाड़ी है।
घोड़ा भी।
बन्द डिब्बा।

गिद्ध : कुल्फी का डिब्बा।

वह : एक दिन बाबा कुल्फी बेचने नहीं गये।
घर ही रहे पर चले गये।
गाँव में बारिश हुई।

सारी कुल्फी पिघल गयी।
बह गयी।
गाँव डूब जाता।
तुम्हें पता है।
मैंने डिब्बा बन्द कर दिया।
गाँव में बारिश हुई।
गाँव नहीं डूबा।
मैंने डिब्बा बन्द कर दिया।

गिद्ध अपने बायें पंजे से उसका दायाँ गाल सहलाता है

गिद्ध : अच्छा किया।

वह और गिद्ध कंचे खेल रहे हैं
उसकी एड़ियाँ फट गयी हैं
इसलिए गिद्ध ने अपनी चोंच से गड्ढा बनाया है
पथरीली ज़मीन पर
एड़ियाँ सही होतीं तो भी

गिद्ध ही गड्ढा बनाता, क्योंकि ज़मीन पथरीली है

गिद्ध की बाज़ी है

वह अपने दायें पंजे के बीच वाले नाख़ून से निशाना लगाता है

वह : तुमने कंचे खेलना कब सीखा?

गिद्ध : तकरीबन तीन साल का था तब शुरू किया था।
छह साल का होते-होते पक्का हो गया।

वह : अरे! मैंने भी। वाह!!!

गिद्ध मुस्कुराता है

वह : हम कंचे क्यों खेल रहे हैं?
कब से खेल रहे हैं?

गिद्ध : सफ़र लम्बा है। खेलो ना!

वह नीचे बैठने लगता है

ताकि गिद्ध की बाज़ी ढंग से देख सके

वह अपनी टाँगों को देखता है

उसने एक खाकी रंग का नेकर पहना है

वह याद करता है

वह भूरे रंग की एक पैंट पहन कर चला था

उसने आसमानी रंग की एक शर्ट पहनी है

वह सफ़ेद रंग की फुल आस्तीन वाली शर्ट पहन कर चला था

फिर उसे याद आता है

वह : हटाओ इसे!!
यह मेरी स्कूल की ड्रेस है।
निकालो मुझे इससे!!!
मैं इसमें क्यों हूँ?
हटाओ इसे अभी।

गिद्ध : मैंने नहीं पहनाई यह तुमको।

वह : फिर भी!
हटाओ इसको।

मुझे घर जाना है।
अपने बीवी-बच्चों के पास।

गिद्ध : तुम्हारी शादी में अभी सात साल हैं।
तुम्हारी बच्ची होने में आठ।
और बेटा होने में दस।

वह : यह सब फ़ालतू के खेल नहीं खेलने।
मुझे घर जाना है

गिद्ध : कोई और खेल खेलोगे?

वह : नहीं। खेल शुरू-शुरू में अच्छा लगता था।
अब घर जाना है।

गिद्ध : रोओ मत। आओ।
यहाँ बैठ जाओ

गिद्ध उसको ले जाकर बाँस की एक आराम कुर्सी पर बिठाता है।

वह : यह किसके घर का दालान है?

गिद्ध : तुम्हारा ही तो है।

वह : अरे फिर वही सब!!
मुझे घर जाना है

गिद्ध : यह तुम्हारा ही तो घर है

वह : तो मेरे बीवी-बच्चे कहाँ हैं?
बोलो। कहाँ हैं वह?

गिद्ध : कमाल है। वह तुम बताओगे ना?

वह अब शान्त है

वह कुछ सोचता है

वह बोलता है

वह : मेरी बेटी अपनी ससुराल में है।

गर्मियों की छुट्टी में आयेगी।
बच्चों के स्कूल बन्द होंगे ना तब।
मेरे दामाद साब छोड़ जायेंगे उनको यहाँ।
बड़े अफ़सर हैं वह।
सरकारी।

मेरा बेटा अभी ऑफ़िस में है।
उसके बच्चे स्कूल गये हैं।
अंग्रेज़ी स्कूल।
मेरा बेटा भी अफ़सर है।
सरकारी।
बेटी के बच्चे भी अंग्रेज़ी स्कूल ही जाते हैं।
मेरी बीवी ऊपर पापड़ सुखा रही है।
बहू के साथ।

गिद्ध : छत पर?

वह : तो कहाँ?
तीन मंज़िल चढ़ कर गयी है वह।

गिद्ध : वाह!! इसलिए कंचे नहीं खेलने थे?

वह : अब खेल लेंगे। तुम यहीं तो रहते हो।
सामने नीम के पेड़ पर घोंसला है तुम्हारा।

गिद्ध : हम अब भी दोस्त हैं?

वह : अब हम हमेशा दोस्त हैं।

गिद्ध : पर मेरा घोंसला इतना नीचे नहीं होगा ना?

वह : दो घर नहीं होते क्या लोगों के?
तुम्हारे भी हैं।
सुनो।
शरबत पियोगे?
रुको।
अरी सुनना!
अरी सुनना!

वह आवाज़ देता है
कोई जवाब नहीं आता
अरी सुनना!
कोई जवाब नहीं आता

वह उठता है।

उसका सिर किसी चीज़ से टकराता है

वह : अरे रे!! क्या था यह?

गिद्ध : टंकी।

वह : पानी की टंकी!! इतना नीचे?
मिस्त्री पागल ही है क्या?

गिद्ध : पेट्रोल की टंकी है।
ट्रक की।

वह : हाँ। अब सो जाओ।

गिद्ध कंचे पंखों में रख लेता है
गिद्ध सो जाता है
वह सो जाता है

वही लोग
गुमसुम, चुपचाप लोग
उनकी आँखें बेजान हैं
उनके पैरों में धागे हैं
धागे तने हुए हैं

धागे?

वह गिनता है

7 धागे टूट गये हैं

गिद्ध : कितनी दूर और?

वह : पास ही।

गिद्ध : कितना पास?

वह : बहुत।

गिद्ध : कितनी दूर पर पास शुरू होता है?

दोनों चुप हैं

दोनों जानते हैं

127 पर पास शुरू नहीं होता है

गिद्ध उसको बातों में लगाये रखता है

गिद्ध : तुम्हारे बटुए में दरारें हैं।
सड़क की तरह।

वह : ख़ाली भी है। सड़क।
(ख़ामोशी)

वह : तुम्हें पता है ना दुनिया गोल है।
ध्यान रखना।

गिद्ध : हाँ हाँ... समझा।
दुनिया गोल है।
जो करोगे वह लौटकर तुम्हारे पास आयेगा।
तुमने किसी के साथ कुछ ग़लत किया होगा।
इसलिए आज यहाँ हो।
यह सब ना?

वह : नहीं। दुनिया गोल है।
दोबारा घूम कर शहर ना पहुँच जाये।

और

मैंने ऐसा कुछ कभी नहीं किया।
किसी के साथ नहीं
कि मैं यहाँ पहुँच जाऊँ।

धूप बहुत है
गिद्ध आँखें नहीं खोल पा रहा है
गिद्ध उससे नज़रें नहीं मिला पा रहा है

वह सड़क पर कुछ देखता है
एक कीड़ा

गोबर का गोला ढोता हुआ
एक गुबरैला
बिल्कुल सीधी रेखा में
चलता हुआ
वह गुबरैले को देखता है
फिर सूरज को
वह सूरज को देखता है
फिर गुबरैले को
गोला ढोता हुआ गुबरैला

वह : अब समझा। गुबरैला है।

गिद्ध : दिख रहा है।
इसमें समझना क्या है?

वह : अरे नीचे नहीं। ऊपर।
सूरज को एक गुबरैला लेकर चलता है।
यहाँ से वहाँ।
फिर वहाँ से यहाँ।

गिद्ध : कितना बड़ा गुबरैला होगा वह?

वह : तुमने तो देखा होगा उड़ते वक़्त।

गिद्ध : रौशनी सीधी आँखों में पड़ेगी।
उस तरफ़ नहीं देखता मैं।

वह : सुनो... तुम सँभल कर उड़ना। गुबरैला पकड़ ना ले तुमको!

गिद्ध उसकी बात नहीं सुन रहा
गिद्ध कुछ सोच रहा है

वह : क्या सोचा?

गिद्ध : अब सूरज से नहीं डरना।
सूरज गोबर का गोला है।

दोनों सूरज को जीभ चिढ़ाते हैं
दोनों पसीना पोंछते हैं
दोनों चलते रहते हैं
गुबरैला गोला लिए चलता रहता है

गिद्ध : घर फ़ोन कर लो।

वह : एक डण्डा है फ़ोन में।

गिद्ध : एक और है।

तुम्हारी पीठ पर।

दोनों मुस्कुराते हैं

गिद्ध : 87, 75, 55

वह : 37

गिद्ध : 37 पर भी पास शुरू नहीं होता तेरा

गिद्ध : उस औरत को देखा तुमने?

वह : कौन सी की बात कर रहे हो?

गिद्ध : वही जो अभी देखी।
जो पेट से थी।

वह : हाँ देखी।

गिद्ध : उसकी आँखें... कैसी बेजान!!
कहीं उसका बच्चा भी बेजान हो गया होगा तो?

वह : पागल हो क्या तुम? चल रही है ना वह!!!
नहीं मरा है उसका बच्चा।

गिब्ध : मैंने कब कहा मर गया होगा।

लेकिन बेजान होने में और मरने में एक अन्तर है।

वह : कोई बेजान नहीं होना चाहिए।

बच्चा तो कतई नहीं।

बच्चे बेजान नहीं होने चाहिए।

मुझे बेजान चेहरों से डर लगता है।

गिब्ध : घर 31 किलोमीटर

वह : उस बूढ़े आदमी को देखा था तुमने? उसकी आँखें...

गिब्ध : जानते हो हमारे साथ सबसे अच्छा क्या है?

वह : क्या?

गिब्ध : हम सिर्फ़ दूसरों के ही चेहरे देख सकते हैं।

वह मुस्कुराता है

वह : तुम दिन में एक बार समझदारी की बात ज़रूर करते हो।

गिद्ध : तो एक और सुनो। बताओ, गाँव और शहर में क्या अन्तर है?

वह : याद नहीं आ रहा।

गिद्ध : मरने और जीने में क्या अन्तर है?

वह : याद नहीं आ रहा।

गिद्ध : यह गाँव-शहर मरना-जीना गिद्ध-कौवा यह सब कहीं जाकर एक हो जाते हैं।

वह : हाँ। एक हो जाते होंगे।

गिद्ध : एक नहीं शून्य। जीरो। सब शून्य से ही शुरू हुआ है। हम जी रहे हैं क्योंकि पैदा हुए हैं। मर जायेंगे क्योंकि जी रहे हैं। सब कुछ होना तो शून्य ही है।

गिद्ध : चलो। यह सब छोड़ो। तुम्हारी बेटी चलने लगी होगी?

वह : हाँ... ऐसे।

वह डगमगाता हुआ चलता है

गिद्ध : और उससे पहले?

वह घुटनों के बल चलता है

गिद्ध : उससे पहले?

वह अब पेट के बल सरकता है...लार बह रही है

गिद्ध : ना ना.... इससे भी पहले?

वह अब एक जगह लेटा काँप-सा रहा है

गिद्ध : दूध पीना है रे बच्ची को??

दोनों हँसते हैं
हँसते-हँसते लोटपोट हो जाते हैं

उसका मुँह अब धूल से सना हुआ है

घर 18
वह लेटा हुआ है
गिद्ध उड़ गया है
उसकी धड़कनें तेज़ होती हैं

फिर कहीं से ठण्डी हवा आती है
उसे कुल्फी की महक आती है

मुन्नी नाव लिए आती है
गाय के कंकाल की नाव
नाव पर एक्स-रे की तिरपाल है
मरे हुए साँप का चप्पू
चप्पू दीपू चला रहा है
नाव के आगे एक चिमनी है
जुगनू उससे माफ़ी माँगता है
दीपू की कमर में एक झुनझुना है
झींगुर उसकी लार पोंछते हैं
चमचेड़ उस पर मोमजामे की छाँव करती है
मुन्नी की आँखें
गीता की आँखें हैं
गीता खाना बना रही है
तिरपाल में धब्बे नहीं हैं
चूल्हे में खाट पड़ी है

मुन्नी बोलती है
बाबा मम
वह पानी पीता है
मुन्नी से पूछता है
उसको रास्ता कैसे पता

वह ऊपर इशारा करती है

गिद्ध मुस्कुराता है
वह मुस्कुराता है
दोनों मुस्कुराते हैं

वह कहता है
गा रे गिद्ध!
एक गीत गा।
मेरे जाने से पहले
एक गीत सुना।

गिद्ध रोना शुरू करता है
उसे वह ख़ुशी का गीत लगता है
वह नाचने लगता है
वह कहता है
मेरे बच्चो तुम भी नाचो।
बच्चे नाच रहे हैं
उसकी बीवी भी साथ गाती है
बेटा झुनझुना बजा रहा है
झींगुर ताल मिला रहे हैं
जुगनू भी नाच रहा है
चमचेड़ भी

वह नाच रहा है

पहले धीरे-धीरे
फिर तेज़
बहुत तेज़

पसीने से नहाया हुआ
धूल में सना हुआ
वह नाच रहा है

वह कुल 6 मिनट और 45 सेकंड नाचता है
फिर

वह रुकता है
वह घर पहुँच गया है
अमर घर पहुँच गया है

❑❑

माई

सीताराम : सरोवर भोजनालय
177/2
कांदिवली वेस्ट
प्रो. सीताराम गायकवाड़

कस्टमर-1 : ओ भाई रोटी दो ना

सीताराम : मांडू एक रोटी दे साहब को

मांडू : जी साहब लाया

मांडू : माई
रोटी दे दे
जो सिंकी
वह दे दे

कस्टमर-1 : भाई रोटी ले आ

भास्कर : मांडू रोटी

मांडू : लाया लाया...
माई रोटी दे दे
अरे अधसिंकी-अधपकी

सब दे दे

चूल्हे में कुछ है
जो जलता है
अरे
यह तो आग है

रोटी गोल होती है
पृथ्वी की तरह
और पृथ्वी
माई के हाथों से उछलकर तवे पर सिंकती हुई
या सिंकते हुए हम

समन्दर वाला शहर
हम रेगिस्तान वाले लोग
सपनों का शहर
हम नींद वाले लोग

तीन कोने वाले कमरे
हम तीन ही लोग
एक माई
हम दो सगे भाई

माई के पैर नहीं है
चल नहीं सकती
तो क्या हुआ
म्हारे तो है
तो उसके भी
म्हारा क्या है? सब उसी का है

कमरिया झूला मांडू का
और
झूलती हुई माई

हाथ और हथेलियों में क्या फ़र्क़
उसकी हथेलियाँ म्हारा हाथ

बिरजू : वॉचमैन। वॉचमैन वॉच करता है
वॉच घड़ी वाला नहीं
वॉच देखने वाला

मालिक : अबे ओय वॉचमैन!

बिरजू : जी साब!

मांडू : भाई है मेरा
वॉचमैन है यह

बिरजू : बिरजू
दूजा भाई
दूजा भाई, दूजी सोच
दूजा तन, दूजा मन
मंज़िल ऊँची होती है
और ऊँची मंज़िलें देखता हूँ मैं
जो तुम देखना चाहो
वह दिखता है
मंज़िल के ऊँचे छोर से
सारा शहर दिखता है

मांडू : हमारी चोल में
ख़र्चा
कम पानी
ज़्यादा शोर
खुला नाला

बिरजू : ना मरने वाली माँ

मांडू : अँधेरा
16 घंटे शिफ्ट

बिरजू : ना मरने वाली माँ

मांडू : शराब

मांडू : 570570

एक सन्देशा आया है

कोई फ़साना ख़्वाबों में आये

नींद आये तो कोई ख़्वाब आये।

पुलिसवाला : कांदिवली पुलिस विभाग

घर से निकलते ही पीठ लाल, बचे, बचाये, रखे ख़याल

मांडू : बन्द-बन्द रै चहुँ ओर

बन्द-बन्द रै सभु छोर

बिरजू : बन्द बन्द रै काम मजूरी

बन्द-बन्द रै दिनों भोर

बिरजू : इन्सान-पत्थर

पत्थर-इन्सान में क्या फ़र्क़ है?

मांडू : ले गयी तेरी क्वीन

बिरजू : अरे पत्थर और इंसान में
क्या फ़र्क़ मांडू?

मांडू : क्या? कौन पत्थर?

बिरजू : लाश ढो रहे हैं हम
कब तक कोल्हू के बैल बने रहेंगे? बता?

मांडू : लाश?
पत्थर?
अरे बिरजू वह माँ है अपनी

बिरजू : सुनसान सड़क पर रस्ता क्या?
बन्द शहर में बचता क्या?
अपनी दुनिया हाथ में अपने?
मांडू गाँव से अपने सस्ता क्या?
शहर सिल गया खाकी धागों में
गाँव बुलाता है मांडू गाँव
तू और मैं

मांडू : और माई?

बिरजू : दो थैले

गमछा

केतली

सूखी रोटी

चप्पल

मांडू : और माई?

बिरजू : और बक्सा

मांडू : और माई

बिरजू : अरे! ख़ुद की जान, सो ख़ुद ही राखे
बरस रे कितने, हम दुख साजै
उसे छोड़ दे यही समझ
कहता क्या मैं बात समझ

मांडू : अरे थू! जानवर थू है तुझ पर!!

बिरजू : सड़क लम्बी
रास्ता गहरा
तू ख़ुद चल पावेगा

चलत-चलत रै चलना होगा
बीच डगर में गढ़ना होगा

घुटना-पैर रगड़ना होगा

मांडू हमें आगे बढ़ना होगा
उसे छोड़ देते हैं यहीं
मेरी बात समझ

मांडू : और मैं सीढ़ियाँ चढ़ता हूँ
मैं सामान लाता हूँ

माई : बिरजू
सबेरा होया काई?

मांडू : माई अबार देर है

माई : ओ मांडू तू है?

मांडू : हाँ हाँ
तू सोयी रह

मांडू : और मेरा जी ज़रा-सा भी नी मचला
यह कुंडी कितनी आवाज़ करती है
चल-चल चल मांडू निकल-निकल यहाँ से
मैंने कुंडी लगा दी
सालों के बोझ को मैंने आज उतार फेंका

मैं इत्मिनान से सीढ़ियाँ उतरा
यह कुंडी पुकारती है

आवाज़-1 : ए मांडू

मांडू : यह कुंडी पुकारती है

आवाज़-2 : खुलने दे मुझको

मांडू : यह कुंडी पुकारती है

आवाज़-3 : कब लौटेगा?

मांडू : उसे छोड़ दे यही समझ
कहता क्या मैं बात समझ

मांडू : अब समन्दर से बैल के सींगों की तरफ़
समन्दर वाला शहर
हम रेगिस्तान वाले लोग
लोग चलते हैं
गुमसुम-चुपचाप लोग
सबकी आँखें बेजान हैं

पैरों में धागे बँधे हुए हैं

धागे ताने हुए हैं
टूट सकते हैं धागे
तारों की चादर, पानी चेहरे
आगे बिरजू ,मांडू पीछे

बिरजू : कौन शहर रै?
कौन-सी बस्ती?

मांडू : कौन-सी कुंडी?
कौन-सी माई?

मांडू : देख! पैरों में म्हारे कितने तारे?

बिरजू : लाल रंग के कितने तारे?

मांडू : आँखों में म्हारे कितने तारे

बिरजू : आसमान में जितने तारे

मांडू : तारे गिनते रात गुज़ारी

बिरजू : तारे गिनते भूख गुज़ारी

मांडू : नहीं देखने कोई तारे
हाथ और हथेलियों में क्या फ़र्क़

कौन-सी हथेलियाँ कौन-से हाथ
बीच सड़क पर लेटा मांडू
फफक-फफक कर रोता मांडू

आवाज़ें : ए बल सा! वह देख तो
जय सिंह
धन्ना देख
ए भेरो सा
प्रकाश
बलदेव

बिरजू

बिरजू : हाँ

आवाज़-1 : वह देख

बिरजू : दूर से दिखते बैल के सींग
छोड़ सड़क पगडंडी ठीक
ओय मांडू अपनी रेत रे अपनी माटी

मांडू : हाँ बिरजू, अपनी धूप रे अपनी छाती

मांडू : रात रे मांडू सुवत खाट पर
कौन स्वप्न जो जाग रहा
कौन रात जो ना रोई रे
11 मास
11 मास
बस एक ही सपना
सपने में बस
वह ही

आवाज़-1 : कुंडी

आवाज़-2 : बस्ती

आवाज़-4 : और माई?

मांडू : घूर-घूर कर घर देखे
घूर-घूर देखे आँगन

आवाज़-1 : कुंडी

आवाज़-2 : बस्ती

आवाज़-4 : और माई?

मांडू : घूर-घूर कोना देखे
घूर-घूर घूर-घूर पूछे सावन

आवाज़-1 : कुंडी

आवाज़-2 : बस्ती

आवाज़-4 : और माई?

आवाज़-1 : कुंडी

आवाज़-2 : बस्ती

आवाज़-4 : और माई?

आवाज़-1 : कुंडी

आवाज़-2 : बस्ती

आवाज़-4 : और माई?

आवाज़-1 : कुंडी

आवाज़-2 : बस्ती

आवाज़-4 : और माई?

मांडू : बिरजू पाप हो गया अपने से

मांडू : वह क्या खाती होवेगी?
वह कैसे उठती होवेगी?
वह म्हारी बाट जोहती होवेगी?
वह ज़िन्दा होवेगी?
पाप हो गया म्हारे से

बिरजू : ओ मांडू

मांडू : पाप हो गया म्हारे से

बिरजू : घुटनों में क्यों घुसता तू

मांडू : पाप हो गया म्हारे से

बिरजू : देख ख़ूब साग और धान

मांडू : भूख नहीं है साथ

बिरजू : कितना ठंडा पानी

मांडू : नहीं बुझती म्हारी प्यास

बिरजू : गाँव में अपने कितने पेड़

मांडू : मुझे जलाये छाँव

बिरजू : मांडू अपना ख़ुद का घर

मांडू : और छत
छत नहीं है पास

बिरजू : छत नहीं है पास
11 मास

आवाज़ें : ऐ प्रकाश!
ए बल सा
भैरू
धन्ना चल
ऐ मांडू

मांडू : ओहो

मांडू : उगियो सूरज नगर-नगर रै

चल्या गाँव भी शहर-शहर रै
भरी रे गाड्या पहर-पहर रै
ईश्वर थारी मेहर-मेहर रै

आवाज़ : ऐ बिरजू

बिरजू : हाँ

आवाज़ : कहाँ रह जाता है!! आ जा

बिरजू : और अब बैल के सींगों से समन्दर की तरफ़

मांडू : रास्ता मंज़िल की तरफ़

बिरजू : तरफ़? तरफ़ किस तरफ़ होता है?
जड़ बड़ी
या
फल

मांडू : यह कैसा सवाल है रै बिरजू
जड़

बिरजू : हाँ जड़
मांडू
जड़

मांडू : बम्बई
एक सौ सत्ताईस किलोमीटर

बिरजू : शहर ढूँढ़ती सबकी आँखें
सबके कोने वहीं वहीं रे
जहाँ थे कोने तीन-तीन रै
नहीं दीखती माई

बिरजू : हुआ क्या होगा?
क्या सहा होगा?
मुझे आवाज़ दी होगी?

बिरजू : मुझे आवाज़ दी होगी?
भूलता हूँ मैं वह हाथ
चूरमे वाले हाथ
गोद में उठाने वाले हाथ
मुँह पोछने वाले हाथ
हाथ और हथेलियों में क्या फ़र्क़
याद आती हथेलियाँ, याद आते हाथ

मांडू : कुणसी हथेलियाँ कुनसे हाथ

बिरजू : मांडू पाप हो गया म्हारे से

मांडू : घुटनों में क्यों घुसता तू?

बिरजू : थू जानवर, थू है तुझ पर!

मांडू : इन्सान और पत्थर में क्या फ़र्क़

बिरजू : कुन इन्सान कुन पत्थर

मांडू : इतने सारे लोग मरे हैं
क्या पता, क्या हुआ होगा
मंज़िल ऊँची होती है
ऊँची मंज़िलें अब बनाता हूँ मैं
मंज़िल के आख़री छोर से
सारा शहर दिखता है
जो तुम देखना चाहो
वह दिखता है

मांडू-बिरजू : यह लोरी मुझे सोने नहीं देती

सीताराम : सरोवर भोजनालय
177/2
कांदिवली वेस्ट
प्रो. सीताराम गायकवाड़

मांडू : बहुत सारे लोग
बर्तनों की आवाज़
शोर मचाता सेठ

मैं बढ़ता हुआ काउंटर पर पहुँचा
राम-राम सेठ जी!

सीताराम : अरे मांडू

मांडू : जी अबार कुछ ही रोज़ पहले लौटा हूँ
वह 4000 बकाया था ना अपना

कस्टमर-2 : ओ भाई रोटी दो ना!

सीताराम : अब आया ही है तो जा। एक रोटी दे दे साहब को

मांडू : सेठ ने चूल्हे की तरफ़
इशारा किया
मैं चूल्हे की तरफ़ बढ़ने लगा
लकड़ियों का कंठ
मिट्टी का तेल
गीला गला
आग जन्मी है
थाली में...रोटी

गोल-गोल रोटी
म्हारी आँखों मे बादल उमड़ आया
मैंने लड़खड़ाती आवाज़ में कहा
माई

माई : मांडू!! आ गया तू

मांडू : रे माई रोटी दे दे!
जो सिंकी
वह दे दे!
अधसिंकी-अधपकी
सब दे दे

मांडू : मैंने माई की हथेलियों को अपने हाथों पर रखा
हाथ, हथेलियों से पूछने लगे
हाथ और हथेलियों में क्या फ़र्क़
थारी ही हथेलियाँ थारा ही हाथ!

❑❑